مدرسه - school 2
سفر - reis 5
حمل و نقل - transport 8
شهر - stad 10
چشم انداز - landschap 14
رستوران - restaurant 17
سوپرمارکت - supermarkt 20
نوشیدنی ها - drankjes 22
غذا - eten 23
مزرعه - boerderij 27
خانه - huis 31
اتاق نشیمن - woonkamer 33
آشپزخانه - keuken 35
حمام - badkamer 38
اتاق بچه - kinderkamer 42
لباس - kleding 44
اداره - kantoor 49
اقتصاد - economie 51
مشاغل - beroepen 53
ابزارآلات - werktuigen 56
آلات موسیقی - muziekinstrumenten 57
باغ وحش - zoo 59
ورزش ها - sporten 62
فعالیت ها - activiteiten 63
خانواده - familie 67
بدن - lichaam 68
بیمارستان - ziekenhuis 72
موقعیت اضطراری - noodgeval 76
کره زمین - aarde 77
ساعت - klok 79
هفته - week 80
سال - jaar 81
اشکال - vormen 83
رنگ ها - kleuren 84
متضاد ها - tegengestelden 85
اعداد - cijfers 88
زبان ها - Talen 90
چه کسی / چه چیزی / چگونه - wie / wat / hoe 91
کجا - waar 92

Impressum
Verlag: BABADADA GmbH, Nedderfeld 112 , 22529 Hamburg
Geschäftsführer / Verlagsleitung: Harald Hof
Druck: Books on Demand GmbH, In de Tarpen 42, 22848 Norderstedt

Imprint
Publisher: BABADADA GmbH, Nedderfeld 112 , 22529 Hamburg, Germany
Managing Director / Publishing direction: Harald Hof
Print: Books on Demand GmbH, In de Tarpen 42, 22848 Norderstedt

1

مدرسه
school

کلاس درس
klaslokaal
تقسیم کردن
delen
186/2
تخته
bord
speelplaats
معلم
leerkracht
کاغذ
papier
نوشتن
schrijven
خودکار
pen
میز تحریر
bureau
خط کش
liniaal
کتاب
boek
دانش آموز
leerling

کیف مدرسه
schooltas

جامدادی
pennenzak

مداد
potlood

تراش
puntenslijper

پاک کن
gom

دفتر رسم
tekenblok

طراحی

tekening

قلم مو

verfborstel

جعبه ی آبرنگ

verfdoos

قیچی

schaar

چسب

lijm

کتاب تمرین

werkboek

تکلیف خانه

huiswerk

12

رقم

nummer

2+2

جمع کردن

optellen

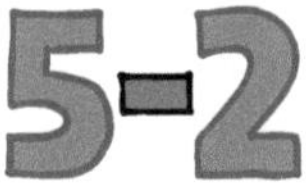

5-2

تفریق کردن

aftrekken

2×2

ضرب کردن

vermenigvuldigen

محاسبه کردن

rekenen

A

حرف الفبا

letter

ABCDEFG
HIJKLMN
OPQRSTU
VWXYZ

الفبا

alfabet

hello

کلمه

woord

متن

tekst

خواندن

Lezen

گچ

krijt

درس

les

ثبت نام

klassenboek

امتحان

examen

مدرک رسمی

certificaat

لباس مدرسه

schooluniform

تحصیلات

onderwijs

دانشنامه

encyclopedie

دانشگاه

universiteit

میکروسکوپ

microscoop

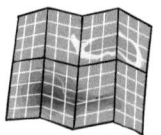

نقشه

kaart

سبد کاغذ باطله

papiermand

سفر
reis

هتل
hotel
مسافرخانه
jeugdherberg
صرافی
wisselkantoor
چمدان
koffer
اتومبیل
auto

زبان
Taal

بله / خیر
ja / nee

اُکی
oké

سلام
hallo

مترجم
vertaler

ممنون
bedankt

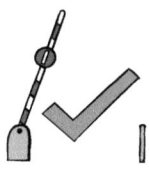

قیمت ... چه قدر است؟

Hoeveel kost …?

من متوجه نمی شوم

Ik begrijp het niet

مشکل

probleem

عصر بخیر! / شب بخیر!

Goedenavond!

صبح بخیر!

Goedemorgen!

شب بخیر!

Goedenavond!

خدانگهدار

Tot ziens

جهت

richting

بار سفر

bagage

کیف

zak

کوله پشتی

rugzak

مهمان

gast

اتاق

kamer

کیسه خواب

slaapzak

خیمه

tent

مرکز راهنمای گردشگران

toeristeninformatie

ساحل

strand

کارت اعتباری

kredietkaart

صبحانه

ontbijt

نهار

lunch

شام

avondeten

بلیط

ticket

آسانسور

lift

مهر

postzegel

مرز

grens

گمرک

douane

سفارتخانه

ambassade

ویزا

visum

گذرنامه

paspoort

حمل و نقل

transport

هواپیما
vliegtuig
کشتی
schip
ماشین آتش نشانی
brandweerwagen
اتوبوس
bus
کامیون
vrachtwagen
قایق موتوری
motorboot
دوچرخه
fiets
اتومبیل
auto

کشتی مسافربری

....

veerboot

قایق

....

boot

موتورسیکلت

....

motor

ماشین پلیس

....

politiewagen

ماشین مسابقه

....

racewagen

ماشین کرایه ای

....

huurauto

به اشتراک گذاری اتوموبیل

carpoolen

جرثقیل

sleepwagen

ماشین حمل زباله

vuilniswagen

موتور

motor

بنزین

benzine

پمپ بنزین

benzinestation

تابلو راهنمایی و رانندگی

verkeersbord

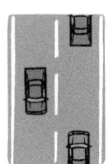

عبور و مرور

verkeer

ترافیک

file

پارکینگ

parkeerplaats

ایستگاه قطار

station

ریل راه آهن

sporen

قطار

trein

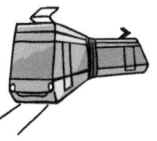

قطار برقی

tram

واگن

wagon

هلیکوپتر

helikopter

فرودگاه

luchthaven

برج

toren

مسافر

passagier

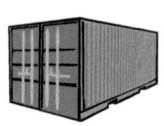

کانتینر

container

کارتن

karton

گاری

kar

سبد

mand

به پرواز درآمدن / فرود آمدن

opstijgen / landen

شهر

stad

دهکده

dorp

مرکز شهر

stadscentrum

خانه

huis

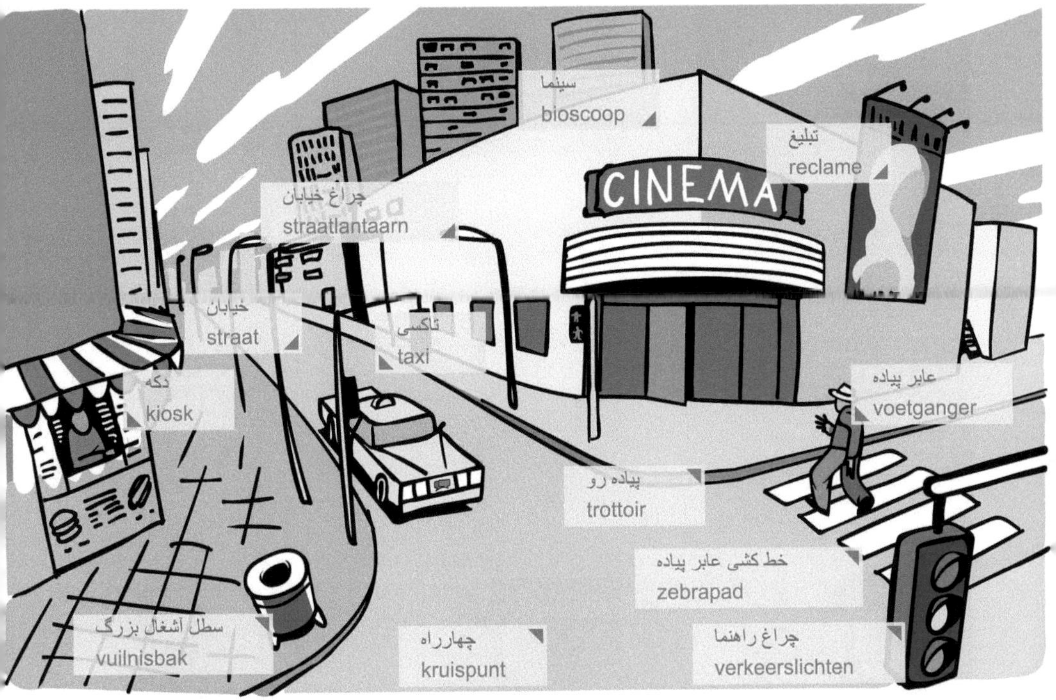

CINEMA
سینما
bioscoop
تبلیغ
reclame
چراغ خیابان
straatlantaarn
خیابان
straat
تاکسی
taxi
دکه
kiosk
عابر پیاده
voetganger
پیاده رو
trottoir
خط کشی عابر پیاده
zebrapad
سطل آشغال بزرگ
vuilnisbak
چهارراه
kruispunt
چراغ راهنما
verkeerslichten

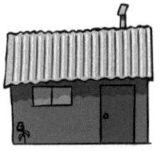

کلبه

hut

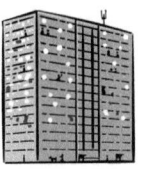

آپارتمان

woning

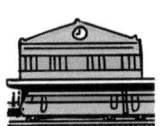

ایستگاه قطار

station

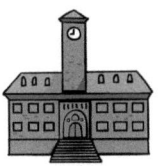

ساختمان شهرداری

stadshuis

MUSEUM

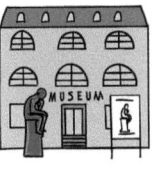

موزه

museum

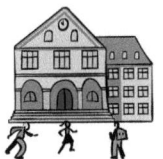

مدرسه

school

دانشگاه

universiteit

بانک

bank

بیمارستان

ziekenhuis

هتل

hotel

داروخانه

apotheek

اداره

kantoor

کتابفروشی

boekwinkel

مغازه

winkel

گل فروشی

bloemenwinkel

سوپرمارکت

supermarkt

بازار

markt

فروشگاه بزرگ

warenhuis

ماهی فروش

vishandelaar

مرکز خرید

winkelcentrum

بندر

haven

پارک

park

نیمکت

bank

پل

brug

پله

trap

مترو

metro

تونل

tunnel

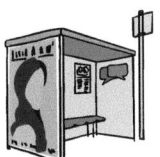

ایستگاه اتوبوس

bushalte

میخانه

bar

رستوران

restaurant

صندوق پست

brievenbus

تابلوی خیابان

straatnaambord

دستگاه پارکومتر

parkeermeter

باغ وحش

zoo

استخر شنای عمومی

zwembad

مسجد

moskee

مزرعه

boerderij

آلودگی محیط زیست

milieuverontreiniging

قبرستان

kerkhof

کلیسا

kerk

زمین بازی

speelplaats

معبد

tempel

چشم انداز

landschap

برگ
blad

تابلوی راهنمای مسیر
wegwijzer

راه
weg

چمنزار
weide

سنگ
steen

درخت
boom

راه نورد
wandelaar

رودخانه
rivier

چمن
gras

گل
bloem

دره
....
vallei

تپه
....
heuvel

دریاچه
....
meer

جنگل
....
bos

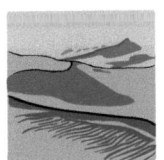

بیابان
....
woestijn

کوه آتشفشان
....
vulkaan

قلعه
....
kasteel

رنگین کمان
....
regenboog

قارچ
....
paddenstoel

درخت نخل
....
palmboom

پشه
....
mug

مگس
....
vlieg

مورچه
....
mier

زنبور
....
bijl

عنکبوت
....
spin

سوسک

kever

قورباغه

kikker

سنجاب

eekhoorn

جوجه تیغی

egel

خرگوش صحرایی

haas

جغد

uil

پرنده

vogel

قو

zwaan

گراز

wild zwijn

گوزن نر

hert

گوزن شمالی

eland

سد آب

dam

توربین بادی

windturbine

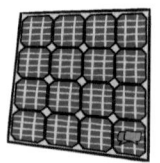

صفحه ی خورشیدی

zonnepaneel

آب و هوا

klimaat

رستوران
restaurant

ober
منوی غذا
menu
صندلی
stoel
سوپ
soep
پیتزا
pizza
سرویس کارد و قاشق و چنگال
bestek
رومیزی
tafelkleed

پیش‌غذا
....
voorgerecht

غذای اصلی
....
hoofdgerecht

دسر
....
nagerecht

نوشیدنی ها
....
drankjes

غذا
....
eten

بطری
....
fles

فست فود

fastfood

اغذیه خیابانی

street food

قوری

theepot

قندان

suikerpot

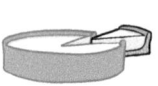

پُرس غذا

portie

دستگاه اسپرسو

espressomachine

صندلی پایه بلند غذاخوری بچه

kinderstoel

صورتحساب

rekening

سینی

dienblad

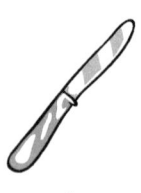

چاقو

mes

چنگال

vork

قاشق

lepel

قاشق چایخوری

theelepel

دستمال سفره

serviette

لیوان

glas

بشقاب

....

bord

بشقاب سوپخوری

....

soepbord

نعلبکی

....

schoteltje

سس

....

saus

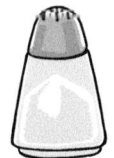

نمکدان

....

zoutvatje

فلفل ساب

....

pepermolen

سرکه

....

azijn

روغن خوراکی

....

olie

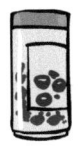

ادویه جات

....

kruiden

سس کچاپ

....

ketchup

سس خردل

....

mosterd

سس مایونز

....

mayonaise

سوپرمارکت

supermarkt

پیشنهاد ویژه
aanbieding
FOR
مشتری
klant
لبنیات
zuivelproducten
میوه جات
fruit
چرخ دستی خرید
winkelwagen

قصابی

slagerij

نانوایی

bakkerij

وزن کردن

wegen

سبزیجات

groenten

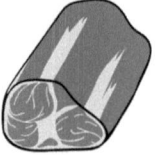

گوشت

vlees

غذای منجمد

diepvriesvoedsel

مخلوطی از انواع کالباس یا پنیر که
ورقه ای بریده شده باشند
....
charcuterie

غذای کنسروی
....
conserven

پودر لباسشویی
....
waspoeder

شیرینی جات
....
snoep

لوازم خانگی
....
huishoudproducten

ماده شوینده و پاک کننده
....
schoonmaakproducten

فروشنده
....
verkoopster

صندوق پرداخت
....
kassa

صندوقدار
....
kassier

لیست خرید
....
boodschappenlijstje

ساعات کار
....
openingstijden

کیف پول
....
portefeuille

کارت اعتباری
....
kredietkaart

کیف
....
tas

کیسه ی پلاستیکی
....
plastieken zakje

نوشیدنی ها
drankjes

آب

....

water

آبمیوه

....

sap

شیر

....

melk

نوشابه کوکاکولا

....

cola

شراب

....

wijn

آبجو

....

bier

الکل

....

alcohol

کاکائو

....

cacao

چای

....

thee

قهوه

....

koffie

قهوه اسپرسو

....

espresso

کاپوچینو

....

cappuccino

موز

banaan

سیب

appel

پرتقال

sinaasappel

انواع هندوانه و خربزه

meloen

لیمو

citroen

هویج

wortel

سیر

knoflook

نی بامبو

bamboe

پیاز

ajuin

قارچ

champignon

آجیل

noten

ماکارونی

noodles

اسپاگتی

spaghetti

برنج

rijst

سالاد

salade

سیب زمینی سرخ کرده

frieten

سیب زمینی سرخ شده

gebakken aardappelen

پیتزا

pizza

همبرگر

hamburger

ساندویچ

sandwich

شنیتسل

kalfslapje

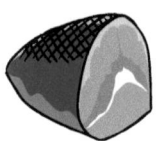

ژامبون خوک

ham

سالامی

salami

سوسیس

worst

مرغ

kip

نوعی گوشت سرخ شده

braden

ماهی

vis

جوی پرک شده

havervlokken

نوعی صبحانه مخلوطی از برگه ذرت و
میوه های خشک شده و خشکبار که
معمولا با شیر خورده می شود

muesli

کورنفلکس

cornflakes

آرد

bloem

کرواسان

croissant

نان بروتشن

pistolet

نان

brood

نان تست

toast

بیسکویت

koekjes

کره

boter

کشک

kwark

کیک

taart

تخم مرغ

ei

تخم مرغ نیمرو

spiegelei

پنیر

kaas

بستنی

ijs

شکر

suiker

عسل

honing

مربا

confituur

کرم شکلاتی بادامی

choco

ادویه کاری

curry

مزرعه
boerderij

خانه ی مزرعه داران
انبار غله
schuur
خرمن گاه
strobaal
مزرعه
veld
اسب
paard
ماشین یدک کش
aanhangwagen
تراکتور
tractor
کره اسب
veulen
خر
ezel
گوسفند
schaap
بره
lam

بز

geit

گاو ماده

koe

گوساله

kalf

خوک

varken

بچه خوک

biggetje

گاو نر

stier

غاز

gans

اردک

eend

جوجه

kuiken

مرغ

kip

خروس

haan

موش صحرایی

rat

گربه

kat

موش

muis

گاو نر اخته

os

سگ

hond

لانه ی سگ

hondenhok

شلنگ باغبانی

tuinslang

آبپاش

gieter

داس دسته بلند

zeis

گاوآهن

ploeg

داس

sikkel

کج بیل

schoffel

چنگک باغبانی

hooivork

تبر

bijl

فرقون

kruiwagen

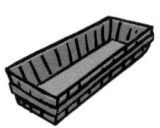

آبشخور

trog

بطری نگهداری شیر

melkkan

کیسه

zak

حصار

hek

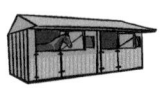

اصطبل

stal

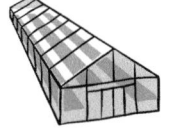

گلخانه

broeikas

خاک

bodem

بذر

zaad

کود

mest

ماشین کمباین

maaidorser

برداشت کردن محصول

oogsten

محصول

oogst

تمیس

yam

گندم

tarwe

سویا

soja

سیب زمینی

aardappel

ذرت

maïs

کلزا

koolzaad

درخت میوه

fruitboom

گیاه مانیوک

maniok

غلات

graan

خانه

huis

دودکش
schoorsteen
پشت بام
dak
ناودان
regenpijp
پنجره
raam
زنگ در
deurbel
گاراژ
garage
در
deur
سطل آشغال
vuilnisbak
صندوق مراسلات
brievenbus
باغ
tuin

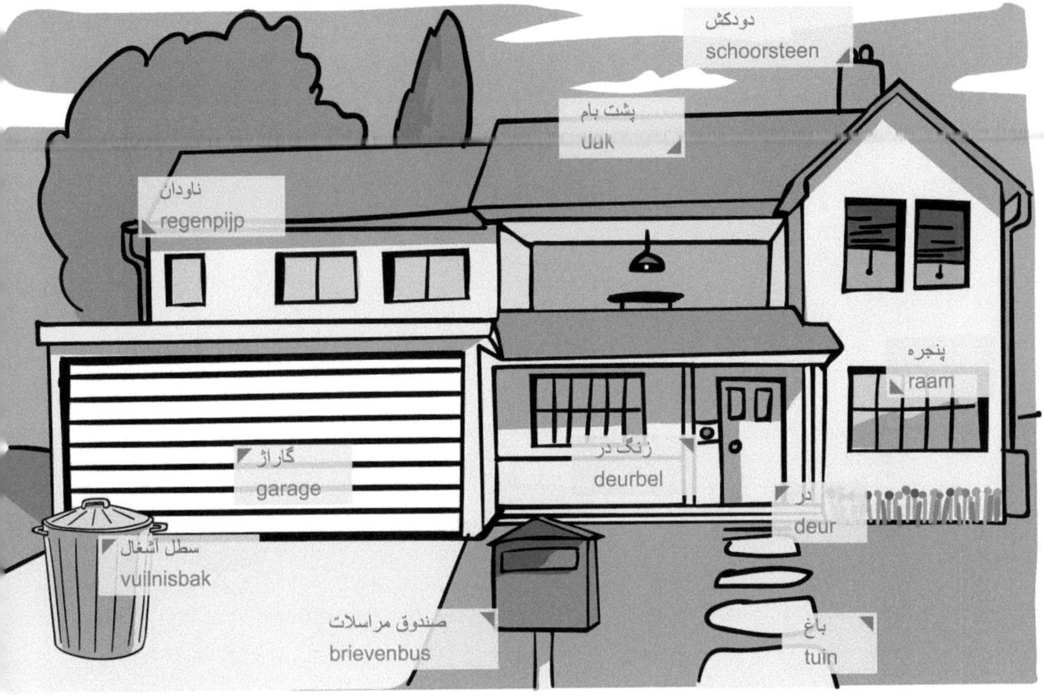

اتاق نشیمن

....

woonkamer

حمام

....

badkamer

آشپزخانه

....

keuken

اتاق خواب

....

slaapkamer

اتاق بچه

....

kinderkamer

ناهارخوری

....

eetkamer

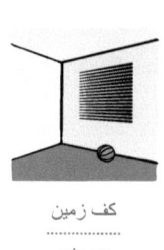

كف زمين

vloer

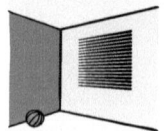

ديوار

muur

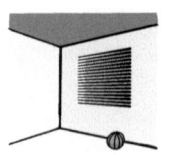

سقف

plafond

زيرزمين

kelder

سونا

sauna

بالكن

balkon

تراس

terras

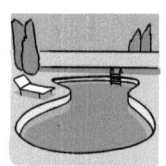

استخر

zwembad

ماشين چمن‌زنی

grasmaaier

ملافه

dekbedovertrek

روتختى

dekbed

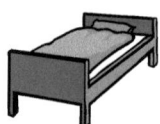

تخت خواب

bed

جارو

bezem

سطل

emmer

سويچ يا كليد

schakelaar

اتاق نشیمن
woonkamer

کاغذ دیواری
behangpapier
عکس
foto
لامپ
lamp
قفسه
schap
کابینت
kast
تلویزیون
televisie
شومینه
open haard
گل
bloem
کوسن
kussen
کاناپه
sofa
گلدان
vaas
کنترل تلویزیون و ویدئو و غیره
afstandsbediening

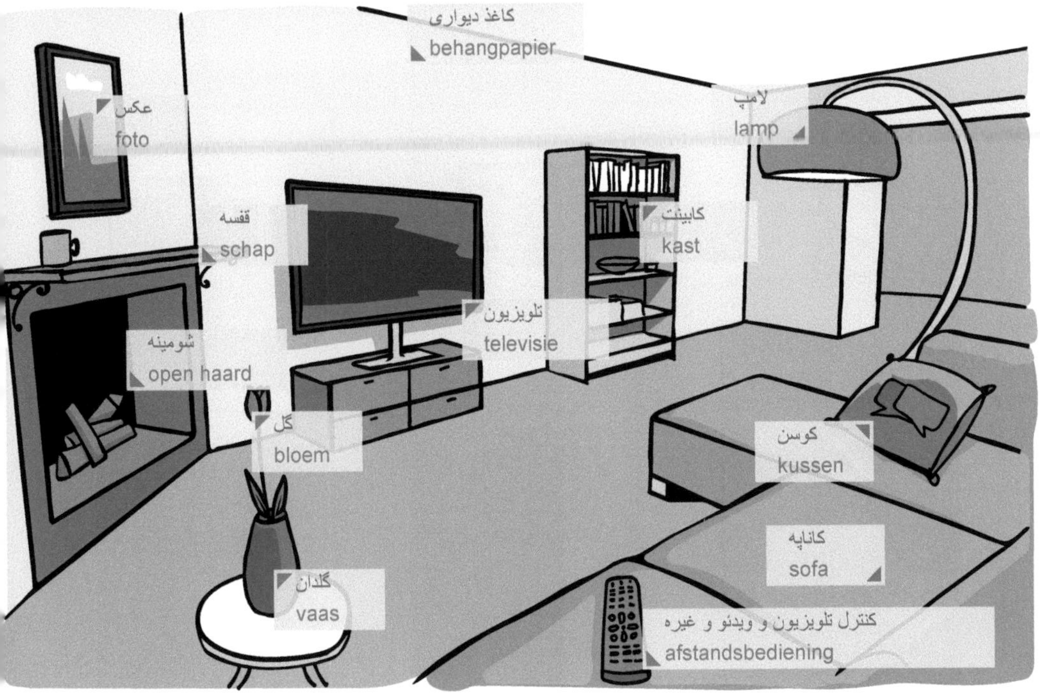

فرش

mat

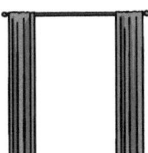

پرده

gordijn

میز

tafel

صندلی

stoel

صندلی گهواره ایی

schommelstoel

صندلی راحتی

fauteuil

كتاب

boek

لحاف

deken

دكوراسيون

decoratie

هيزم

brandhout

فيلم

film

دستگاه ضبط صوت

stereo-installatie

كليد

sleutel

روزنامه

krant

تابلو نقاشی

schilderij

پوستر

poster

راديو

radio

دفترچه يادداشت

notitieboekje

جاروبرقی

stofzuiger

كاكتوس

cactus

شمع

kaars

آشپزخانه

keuken

یخچال
koelkast
ماکروویو
microgolfoven
keukenweegschaal
broodrooster
ماده شوینده و پاک کننده
afwasmiddel
فر خوراک پزی
oven
جایخی
vriesvak
سطل آشغال
vuilnisbak
ماشین ظرفشویی
vaatwasmachine

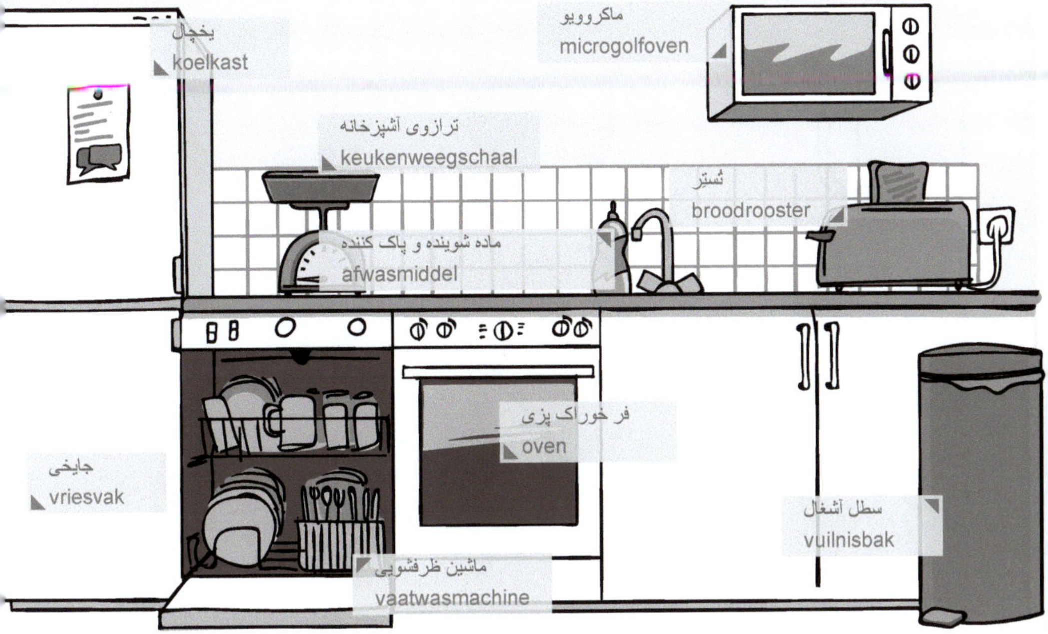

اجاق گاز

fornuis

قابلمه

pot

قابلمه چدنی

gietijzeren pot

ماهی تابه گود

wok / kadai

ماهی تابه

pan

کتری

waterkoker

بخارپز
....
stoomkoker

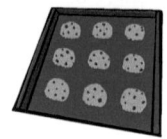

سینی فر
....
bakplaat

ظرف چینی آشپزخانه
....
servies

لیوان
....
mok

کاسه
....
kom

چاپستیک
....
eetstokjes

ملاقه
....
pollepel

کفگیر
....
spatel

همزن
....
garde

آبکش
....
vergiet

آبکش
....
zeef

رنده
....
rasp

هاون
....
mortier

باربیکیو
....
barbecue

محل مخصوص افروختن آتش
....
haardvuur

تخته گوشت و سبزی

snijplank

وردنه

deegrol

در بطری بازکن

kurkentrekker

قوطی

blik

در قوطی بازکن

blikopener

دستگیره پارچه ای

pannenlap

سینک ظرفشویی

gootsteen

برس گردگیری

borstel

اسفنج

spons

مخلوط کن

blender

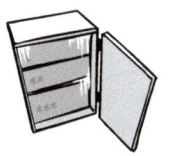

فریزر

vriezer

شیشه شیر بچه

papfles

شیر آب

kraan

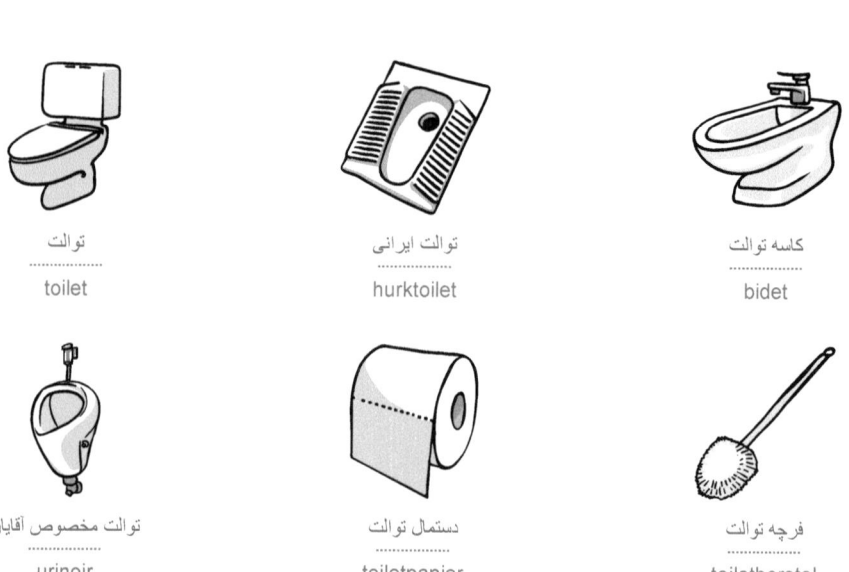

حمام
badkamer

بخاری
verwarming
حوله
handdoek
دوش
douche
پرده ی حمام
douchegordijn
حمام کف
bubbelbad
وان حمام
badkuip
لیوان
glas
ماشین لباسشویی
wasmachine
کاشی
tegels
شیر آب
kraan
لگن دستشویی کودکان
kinderpo
سینک ظرفشویی
gootsteen

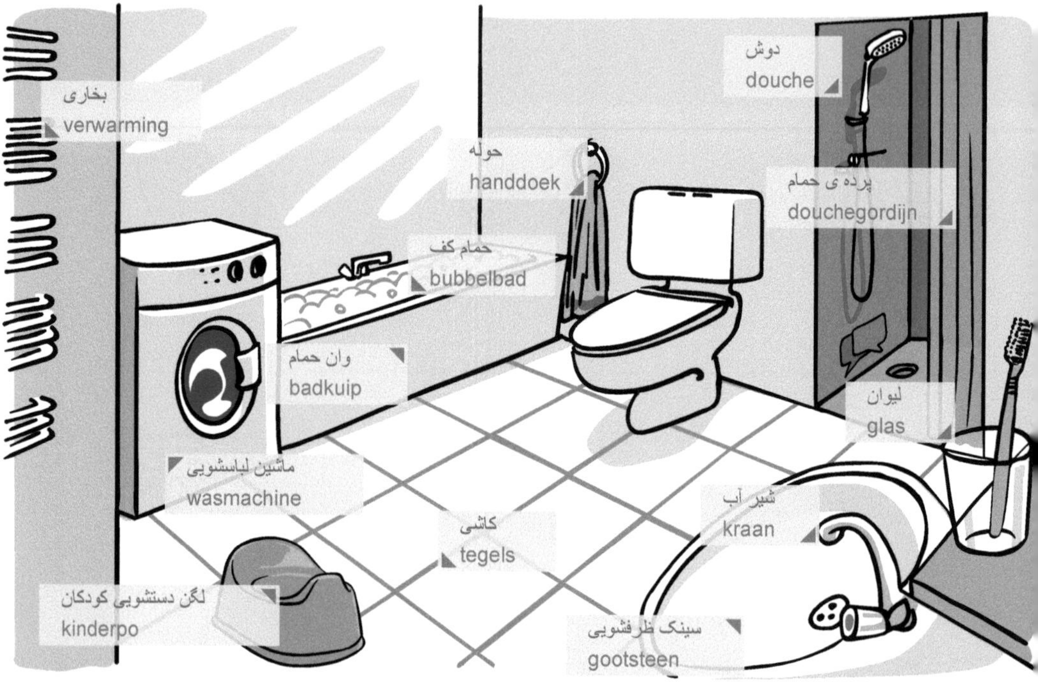

توالت
....
toilet

توالت ایرانی
....
hurktoilet

کاسه توالت
....
bidet

توالت مخصوص آقایان
....
urinoir

دستمال توالت
....
toiletpapier

فرچه توالت
....
toiletborstel

حمام - badkamer

مسواک

tandenborstel

خمیردندان

tandpasta

نخ دندان

flosdraad

شستن

wassen

دوش آب تلفنی

handdouche

شلنگ توالت

bidethanddouche

لگن روشویی

waskom

برس شست و شوی پشت

rugborstel

صابون

zeep

شامپو بدن

douchegel

شامپو

shampoo

لیف حمام

washandje

راه آب

afvoer

کرم

crème

اسپری دئودورانت

deodorant

آیینه

spiegel

آیینه ی کوچک دستی

handspiegel

تیغ ریش تراشی

scheermes

کف ریش‌تراشی

scheerschuim

افترشیو

aftershave

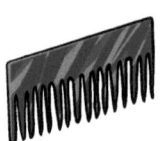

شانه ی سر

kam

برس

borstel

سشوار

haardroger

اسپری مو

haarlak

آرایش

make-up

رژلب

lippenstift

لاک ناخن

nagellak

پنبه

watten

قیچی ناخن

nagelknipper

عطر

parfum

کیف لوازم آرایشی و بهداشتی

toilettas

چهارپایه

kruk

ترازو

weegschaal

حوله ی پالتویی

badjas

دستکش ظرفشویی

latex handschoenen

تامپون

tampon

نوار بهداشتی

maandverband

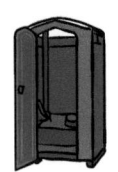

توالت سیار

chemisch toilet

اتاق بچه
kinderkamer

ساعت زنگدار
wekker
نوعی عروسک نرم به شکل حیوانات
knuffel
ماشین اسباب بازی
speelgoedauto
جغجغه
rammelaar
خانه ی عروسکی
poppenhuis
کادو
geschenk

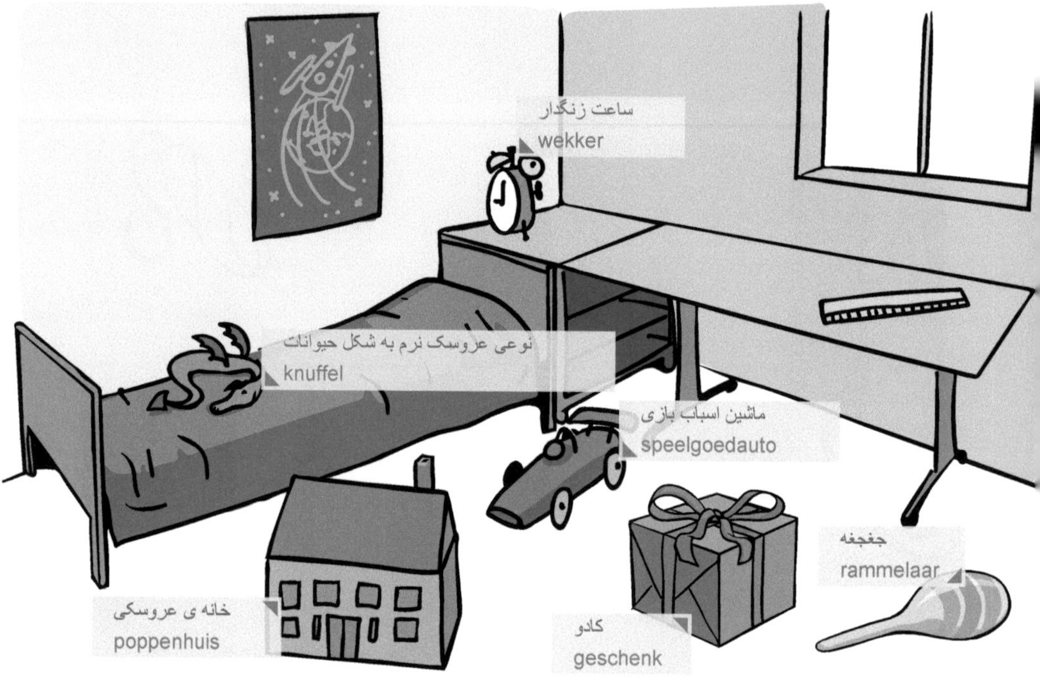

بادکنک

ballon

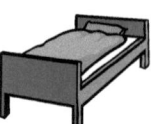

تخت خواب

bed

کالسکه بچه

kinderwagen

بازی ورق

spel kaarten

پازل

puzzel

داستان مصور

stripboek

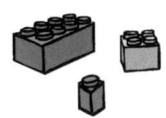

اسباب بازی لگو

legoblokjes

خانه سازی

blokken

عروسک شخصیت های فیلم و کارتون

actiefiguur

لباس نوزاد

kruippakje

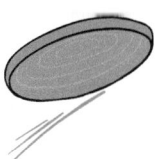

فریزبی

frisbee

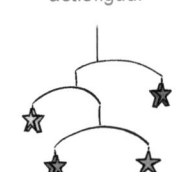

نوعی اسباب بازی که روی تخت نوزاد
یا کودک نصب می شود

mobiel

بازی روی صفحه

bordspel

تاس

dobbelsteen

قطار اسباب بازی

modelspoorweg

پستانک

fopspeen

مهمانی

feest

کتاب مصور

prentenboek

توپ

bal

عروسک

pop

بازی کردن

spelen

جعبه شنی مخصوص بازی کودکان

zandbak

تاب

schommel

اسباب بازی

speelgoed

کنسول بازی های کامپیوتری

spelconsole

سه چرخه

driewieler

خرس عروسکی

knuffelbeer

کمد لباس

kleerkast

لباس

kleding

جوراب

sokken

جوراب زنانه ساق بلند

kousen

جوراب شلواری

maillot

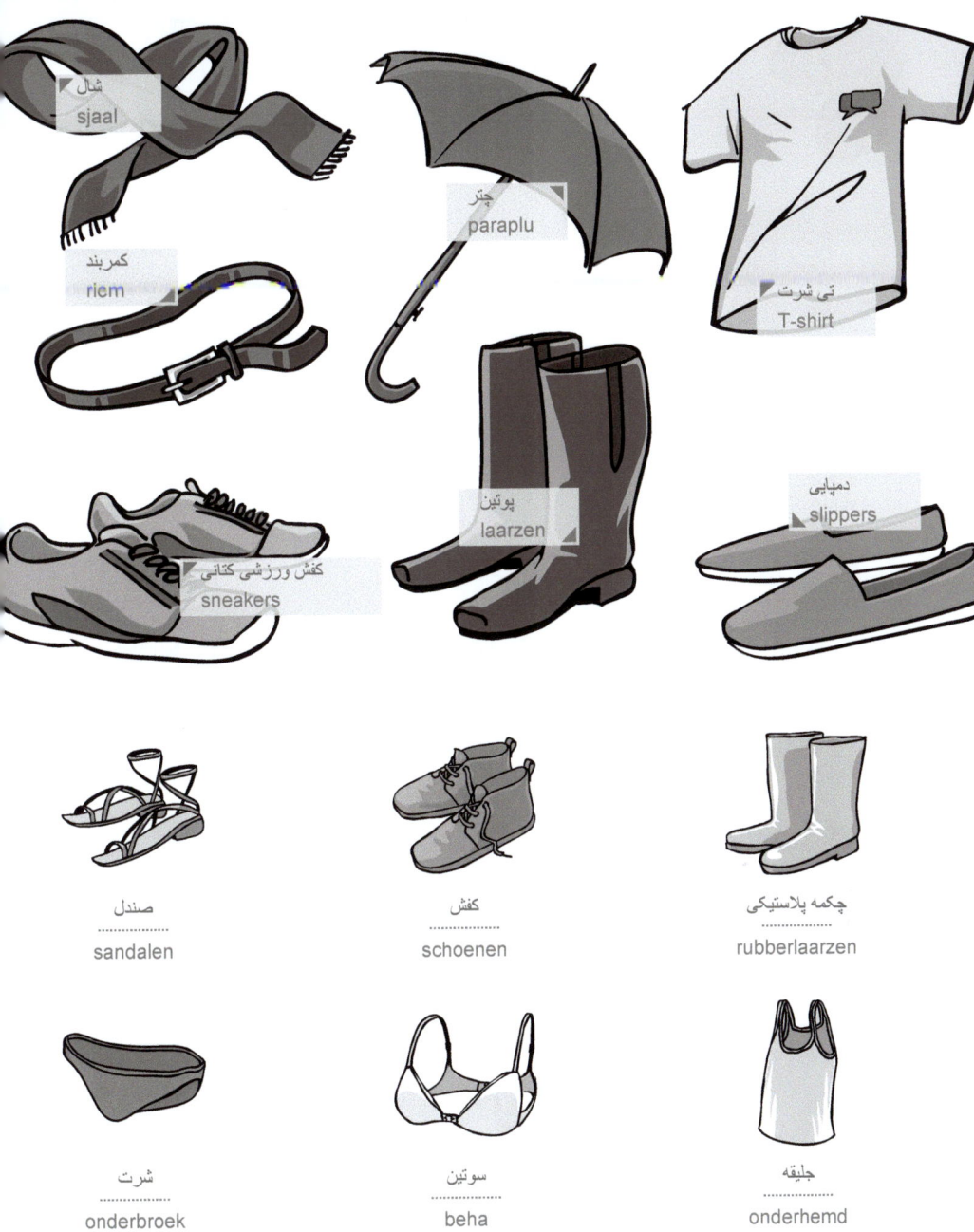

شال
sjaal

چتر
paraplu

کمربند
riem

تی شرت
T-shirt

پوتین
laarzen

دمپایی
slippers

کفش ورزشی کتانی
sneakers

صندل
sandalen

کفش
schoenen

چکمه پلاستیکی
rubberlaarzen

شرت
onderbroek

سوتین
beha

جلیقه
onderhemd

بادی
....
lichaam

شلوار
....
broek

جین
....
jeans

دامن
....
rok

بلوز
....
blouse

پیراهن
....
hemd

پولیور
....
trui

سویی شرت
....
capuchontrui

نوعی کت
....
blazer

ژاکت
....
jas

کت بلند
....
jas

بارانی
....
regenjas

لباس نمایش
....
kostuum

لباس
....
jurk

لباس عروس
....
trouwjurk

کت و شلوار

pak

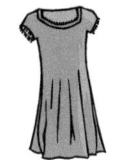

لباس خواب زنانه

nachthemd

پیژامه

pyjama

ساری

sari

روسری

hoofddoek

عمامه

tulband

برقع

boerka

قبا

kaftan

عبا

abaya

لباس شنا

badpak

شرت شنا

zwembroek

شلوارک

short

لباس ورزشی

trainingspak

پیشبند

schort

دستکش

handschoenen

دكمه

knoop

عینک

bril

دستبند

armband

گردنبند

ketting

انگشتر

ring

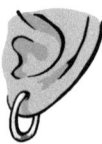

گوشواره

oorbel

کلاه لبه دار

pet

چوب لباسی

kapstok

کلاه

hoed

کراوات

das

زیپ

rits

کلاه ایمنی

helm

بند شلوار

bretellen

لباس مدرسه

schooluniform

لباس فرم

uniform

پیش بند بچه

slabbetje

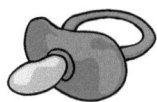

پستانک

fopspeen

پوشک بچه

luier

اداره
kantoor

سرور
server
کمد نگهداری پرونده
dossierkast
چاپگر
printer
کاغذ
papier
مانیتور
monitor
ماوس
muis
میز تحریر
bureau
زونکن
map
صفحه کلید
toetsenbord
سبد کاغذ باطله
papiermand
کامپیوتر
computer
صندلی
stoel

لیوان قهوه

koffiemok

ماشین حساب

rekenmachine

اینترنت

internet

لپ تاپ

laptop

نامه

brief

پیغام

bericht

تلفن همراه

gsm

شبکه ی ارتباطی

netwerk

دستگاه فتوکپی

kopieerapparaat

نرم افزار

software

تلفن

telefoon

پریز

stopcontact

دستگاه فاکس

fax

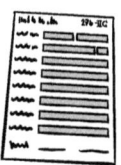

فرم

formulier

مدرک

document

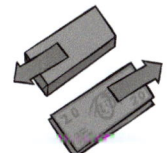

خریدن

kopen

پرداخت کردن

betalen

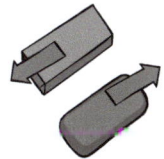

تجارت کردن

handelen

پول

geld

دلار

dollar

یورو

euro

ین

yen

روبل

roebel

فرانک سوئیس

Zwitserse frank

یوان رنمینبی

Chinese renminbi

روپیه

roepie

دستگاه خودپرداز

geldautomaat

صرافی

wisselkantoor

طلا

goud

نقره

zilver

نفت

olie

انرژی

energie

قیمت

prijs

قرارداد

contract

مالیات

belasting

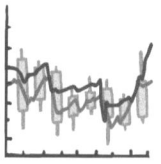

سهام سرمایه

aandeel

کار کردن

werken

کارمند

werknemer

کارفرما

werkgever

کارخانه

fabriek

مغازه

winkel

مشاغل
beroepen

مامور پلیس
politieagent
آتش نشان
brandweerman
آشپز
kok
دکتر
dokter
خلبان
piloot

باغبان
tuinman

نجار
timmerman

خیاط زنانه
naaister

قاضی
rechter

شیمیدان
chemicus

بازیگر
acteur

راننده اتوبوس

buschauffeur

راننده تاکسی

taxichauffeur

ماهیگیر

visser

نظافتچی زن

schoonmaakster

سقف ساز

dakdekker

پیشخدمت رستوران

ober

شکارچی

jager

نقاش

schilder

نانوا

bakker

برقکار

elektricien

کارگر ساختمانی

bouwvakker

مهندس

ingenieur

قصاب

slager

لوله کش

loodgieter

پستچی

postbode

سرباز

soldaat

معمار

architect

صندوقدار

kassier

گل فروش

bloemist

آرایشگر

kapper

مامور کنترل بلیط در قطار

conducteur

مکانیک

mecanicien

ناخدا

kapitein

دندانپزشک

tandarts

دانشمند

wetenschapper

عالم یهودی

rabbijn

امام

imam

راهب

monnik

کشیش

geestelijke

ابزارآلات

werktuigen

چکش
hamer
انبردست
tang
پیچ گوشتی
schroevendraaier
آچار
schroefsleutel
چراغ قوه
zaklamp

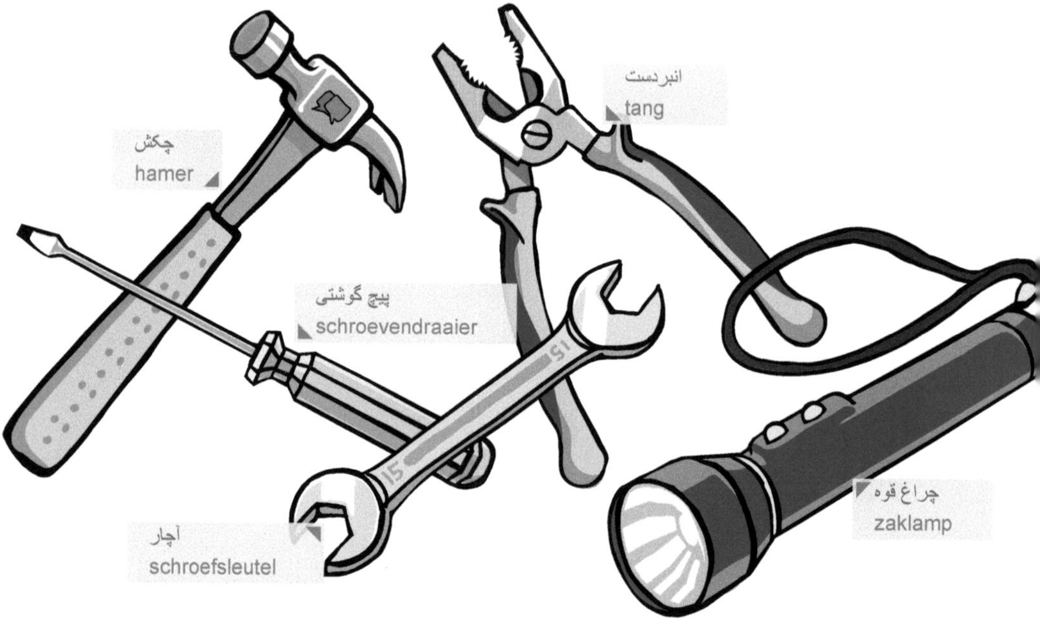

بیل مکانیکی

graafmachine

جعبه ابزار

gereedschapskoffer

نردبان

ladder

ارّه

zaag

میخ

spijkers

مته

boormachine

تعمیر کردن
repareren

بیل
schop

لعنتی!
Verdomme!

خاک انداز
blik

سطل رنگرزی
verfpot

پیچ
schroeven

آلات موسیقی
muziekinstrumenten

بلندگو
luidspreker

درامز
drumstel

کنترباس
contrabas

ترومپت
trompet

گیتار
gitaar

پیانو

piano

ویولن

viool

گیتار بیس

basgitaar

تیمپانی

pauk

طبل

trommels

کیبورد الکتریک

keyboard

ساکسیفون

saxofoon

فلوت

fluit

میکروفون

microfoon

باغ وحش

ZOO

ورودی
ingang
ببر
tijger
قفس
kooi
گورخر
zebra
خوراک حیوانات
diereneten
خرس پاندا
panda

حیوانات

dieren

فیل

olifant

کانگورو

kangoeroe

کرگدن

neushoorn

گوریل

gorilla

خرس

beer

شتر

kameel

شترمرغ

struisvogel

شیر

leeuw

میمون

aap

فلامینگو

flamingo

طوطی

papegaai

خرس قطبی

ijsbeer

پنگوئن

pinguïn

کوسه

haai

طاووس

pauw

مار

slang

تمساح

krokodil

نگهبان باغ وحش

dierenverzorger

خوک آبی

zeehond

پلنگ امریکایی

jaguar

اسب کوچک

pony

پلنگ

luipaard

اسب آبی

nijlpaard

زرافه

giraffe

عقاب

adelaar

گراز

wild zwijn

ماهی

vis

لاک پشت

zeeschildpad

شیرماهی

walrus

روباه

vos

غزال

gazelle

ورزش ها

sporten

فوتبال آمریکایی
rugby
دوچرخه سواری
wielrennen
تنیس
tennis
بسکتبال
basketbal
شنا
zwemmen
بوکس
boksen
هاکی روی یخ
ijshockey

فوتبال

voetbal

بدمینتون

badminton

دوومیدانی

atletiek

هندبال

handbal

اسکی

skiën

پولو

polo

فعالیت ها

activiteiten

خندیدن
lachen
پریدن
springen
بغل کردن
knuffelen
راه رفتن
wandelen
آواز خواندن
zingen
رؤیا دیدن
dromen
دعا کردن
bidden
بوسیدن
kussen

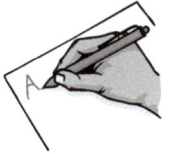

نوشتن

schrijven

رسم کردن

tekenen

نشان دادن

tonen

هل دادن

duwen

دادن

geven

برداشتن

nemen

داشتن

hebben

انجام دادن

doen

بودن

zijn

ایستادن

staan

دویدن

lopen

کشیدن

trekken

پرتاب کردن

gooien

افتادن

vallen

دراز کشیدن

liggen

منتظر بودن

wachten

حمل کردن

dragen

نشستن

zitten

لباس پوشیدن

aankleden

خوابیدن

slapen

بیدار شدن

ontwaken

تماشا کردن

kijken naar

گریه کردن

wenen

نوازش کردن

aaien

شانه کردن

kammen

حرف زدن

praten

فهمیدن

begrijpen

پرسیدن

vragen

شنیدن

luisteren

آشامیدن

drinken

خوردن

eten

مرتب کردن

opruimen

عاشق بودن

houden van

پختن

koken

رانندگی کردن

rijden

پرواز کردن

vliegen

قایقرانی کردن

zeilen

محاسبه کردن

rekenen

خواندن

Lezen

یاد گرفتن

leren

کار کردن

werken

ازدواج کردن

trouwen

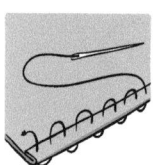

دوختن

naaien

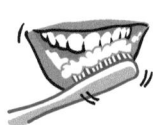

مسواک زدن

tandenpoetsen

کشتن

doden

سیگار کشیدن

roken

فرستادن

sturen

خانواده
familie

مادربزرگ
grootmoeder
پدربزرگ
grootvader
پدر
vader
مادر
moeder
کودک
baby
فرزند دختر
dochter
فرزند پسر
zoon

مهمان

gast

خاله، عمه

tante

دایی، عمو

oom

برادر

broer

خواهر

zus

بدن

lichaam

پیشانی
voorhoofd
چشم
oog
شانه
schouder
انگشت دست
vinger
صورت
gezicht
چانه
kin
دست
hand
ساق پا
been
سینه
borst
بازو
arm

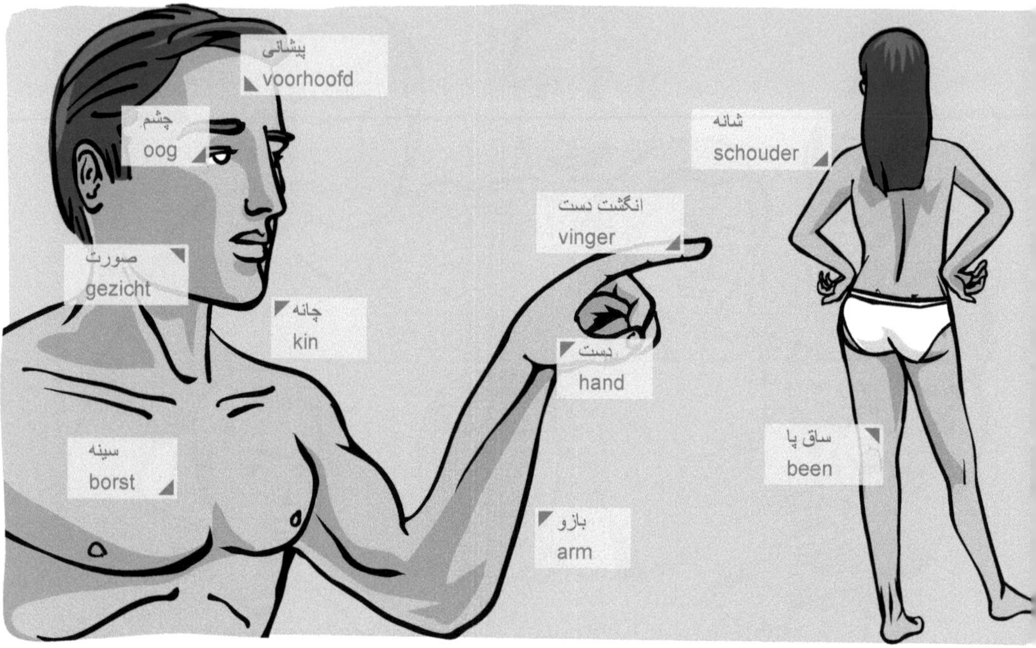

کودک

baby

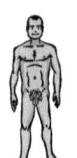

مرد

man

زن

vrouw

دختربچه

meisje

پسربچه

jongen

کله

hoofd

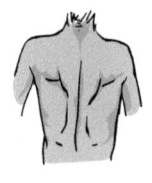

کمر

rug

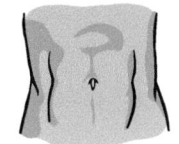

شکم

buik

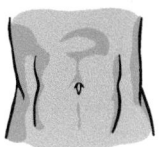

ناف

navel

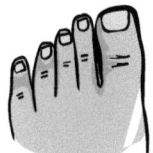

انگشت پا

teen

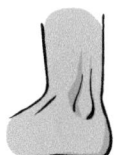

پاشنه

hiel

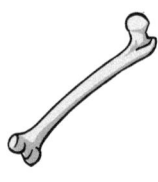

استخوان

bot

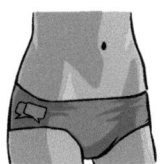

لگن

heup

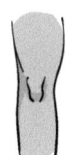

زانو

knie

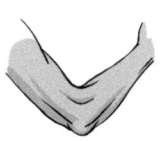

آرنج

elleboog

بینی

neus

نشیمنگاه

zitvlak

پوست

huid

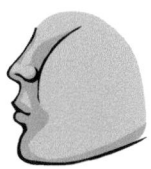

گونه

wang

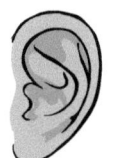

گوش

oor

لب

lip

دهان
....
mond

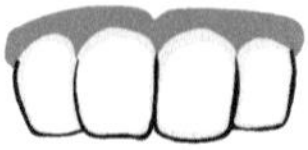

دندان
....
tand

زبان
....
tong

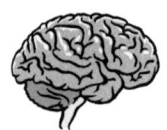

مغز
....
hersenen

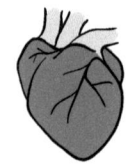

قلب
....
hart

عضله
....
spier

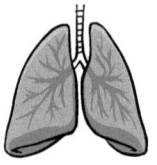

ریه
....
long

کبد
....
lever

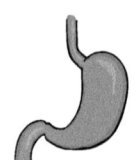

معده
....
maag

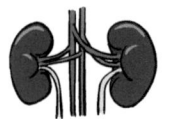

کلیه
....
nieren

آمیزش جنسی
....
seks

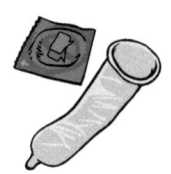

کاندوم
....
condoom

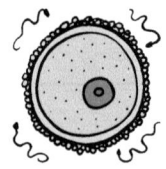

تخمک
....
eicel

اسپرم
....
sperma

حاملگی
....
zwangerschap

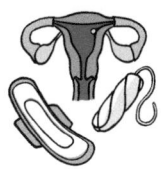

پریود

menstruatie

واژن

vagina

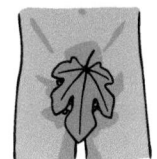

آلت تناسلی مرد

penis

ابرو

wenkbrauw

مو

haar

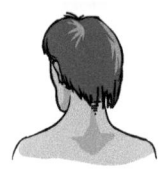

گردن

nek

بیمارستان

ziekenhuis

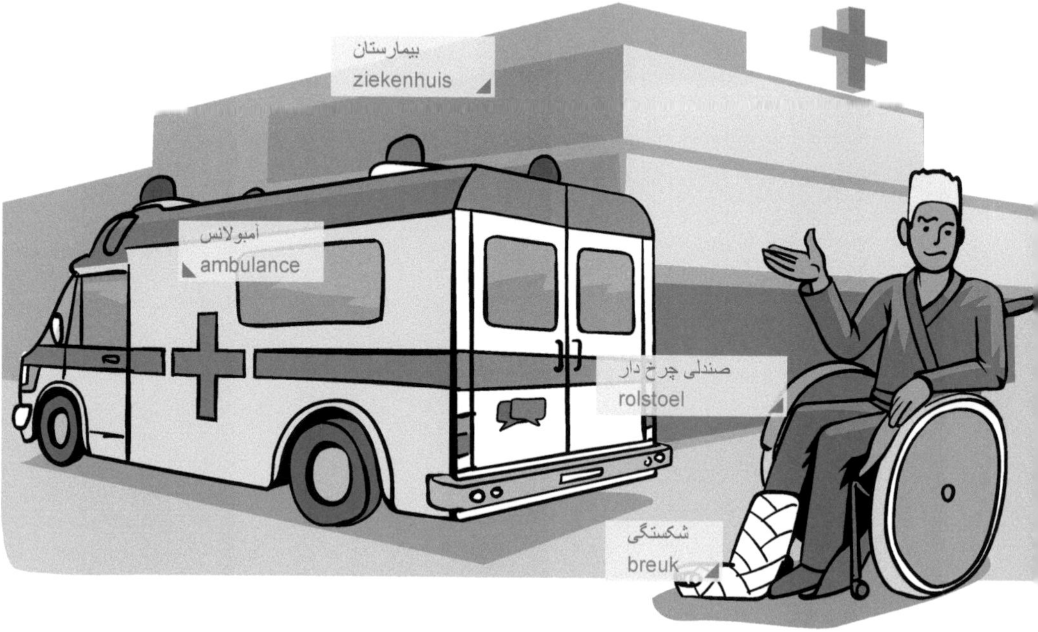

بیمارستان
ziekenhuis
آمبولانس
ambulance
صندلی چرخ دار
rolstoel
شکستگی
breuk

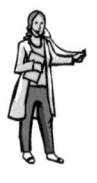

دکتر

dokter

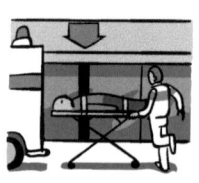

بخش اورژانس

spoed

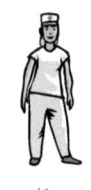

پرستار

verpleegkundige

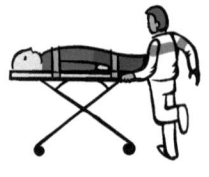

موقعیت اضطراری

noodgeval

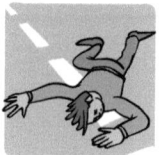

بی هوش

bewusteloos

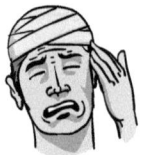

درد

pijn

مصدومیت

verwonding

خونریزی

bloeding

سکته قلبی

hartaanval

سکته مغزی

beroerte

آلرژی

allergie

سرفه

hoest

تب

koorts

آنفولانزا

griep

اسهال

diarree

سردرد

hoofdpijn

سرطان

kanker

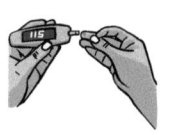

دیابت

diabetes

جراح

chirurg

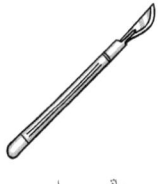

چاقوی جراحی

scalpel

عمل جراحی

operatie

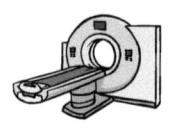

سی تی اسکن

CT

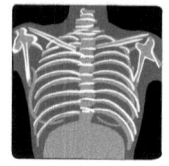

پرتونگاری

röntgenstraal

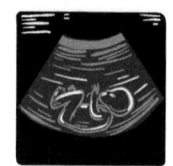

سونوگرافی

ultrageluid

ماسک صورت

gezichtsmasker

بیماری

ziekte

اتاق انتظار

wachtkamer

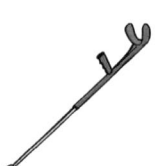

چوب زیر بغل

kruk

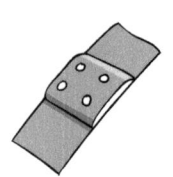

چسب زخم

pleister

پانسمان

verband

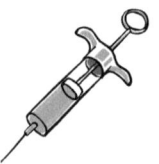

تزریق

injectie

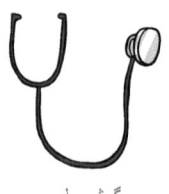

گوشی طبی

stethoscoop

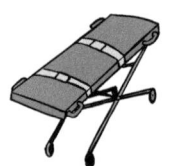

برانکار

brancard

دماسنج

thermometer

زایش

geboorte

اضافه وزن

overgewicht

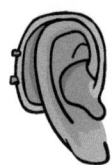

سمعک

hoorapparaat

ماده ضد غفونی کننده

ontsmettingsmiddel

عفونت

infectie

ویروس

virus

اچ آی وی / ایدز

HIV / AIDS

دارو

medicijn

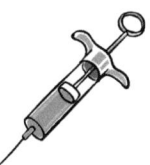

واکسیناسیون

vaccinatie

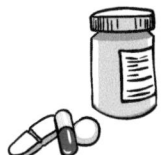

قرص

tabletten

قرص ضد حاملگی

pil

تماس اظطراری

noodoproep

دستگاه اندازه گیری فشارخون

bloeddrukmeter

مریض / سالم

ziek / gezond

noodgeval

کمک!

Help!

آژیر خطر

alarm

حمله

overval

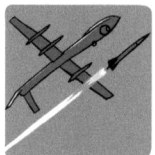

حمله ی فیزیکی

aanval

خطر

gevaar

خروج اظطراری

nooduitgang

آتش

Brand!

کپسول آتش‌نشانی

brandblusser

تصادف

ongeval

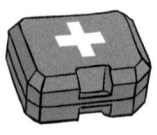

جعبه کمک های اولیه

EHBO-kit

درخواست کمک

SOS

پلیس

politie

کره زمین

aarde

اروپا

....

Europa

آمریکای شمالی

....

Noord-Amerika

آمریکای جنوبی

....

Zuid-Amerika

آفریقا

....

Afrika

آسیا

....

Azië

استرالیا

....

Australië

اقیا نوس اطلس

....

Atlantische Oceaan

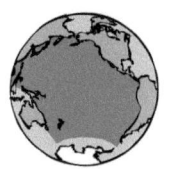

اقیانوس آرام

....

Stille Oceaan

اقیانوس هند

....

Indische Oceaan

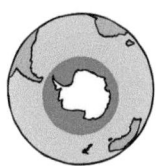

اقیا نوس اطلس جنوبی

....

Antarctische Oceaan

اقیانوس منجمد شمالی

....

Arctische Oceaan

قطب شمال

....

Noordpool

قطب جنوب

Zuidpool

قاره قطب جنوب

Antarctica

کره زمین

aarde

سرزمین

land

دریا

zee

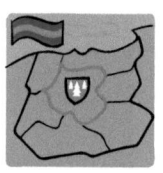

جزیره

eiland

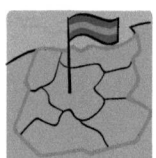

ملت

natie

کشور

staat

ساعت

klok

صفحه ی ساعت

wijzerplaat

ساعت شمار

uurwijzer

دقیقه شمار

minuutwijzer

ثانیه شمار

secondewijzer

ساعت چند است؟

Hoe laat is het?

روز

dag

زمان

tijd

اکنون

nu

ساعت دیجیتال

digitale horloge

دقیقه

minuut

ساعت

uur

هفته

week

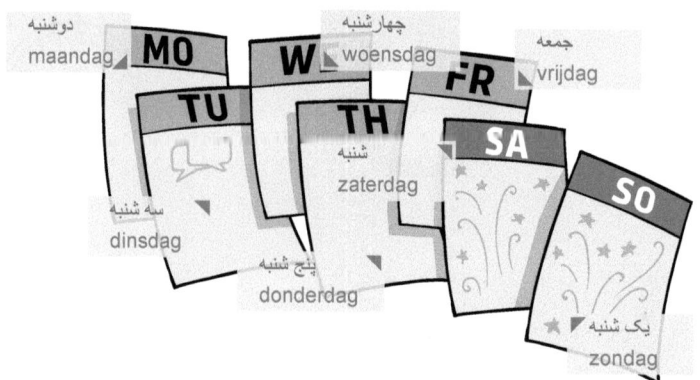

دوشنبه
maandag

چهارشنبه
woensdag

جمعه
vrijdag

سه شنبه
dinsdag

شنبه
zaterdag

پنج شنبه
donderdag

یک شنبه
zondag

دیروز
....
gisteren

امروز
....
vandaag

فردا
....
morgen

صبح
....
ochtend

ظهر
....
middag

غروب
....
avond

روزهای کاری
....
werkdagen

آخر هفته
....
weekend

سال
jaar

باران
regen
رنگین کمان
regenboog
برف
sneeuw
باد
wind
بهار
lente
پاییز
herfst
تابستان
zomer
زمستان
winter

4.APRIL 11°
5.APRIL 4°
6.APRIL 13°
7.APRIL 8°
8.APRIL 10°

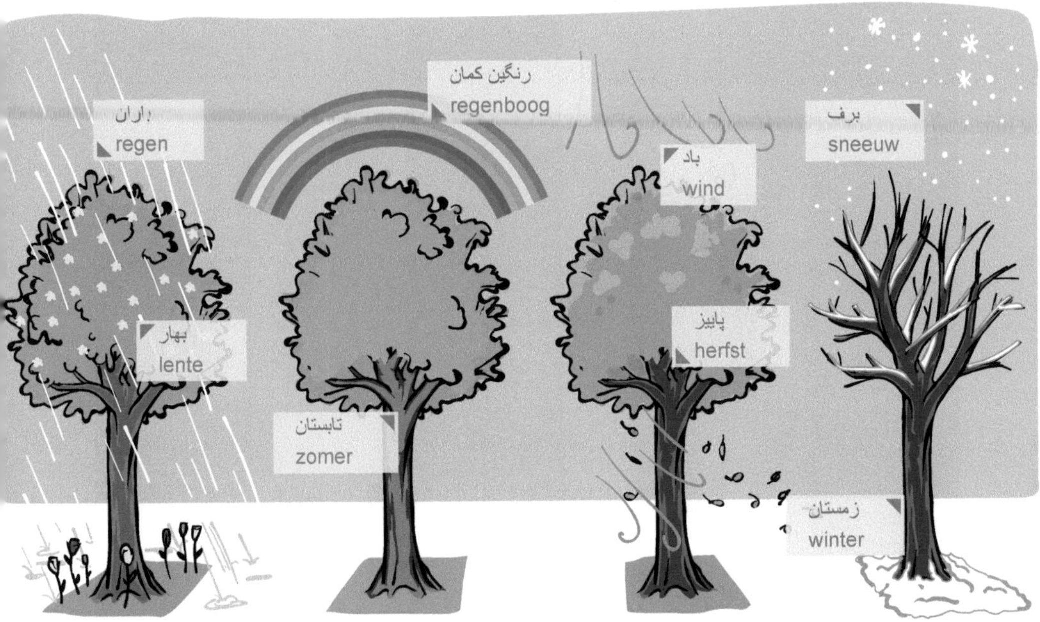

پیش‌بینی اوضاع جوی

weervoorspelling

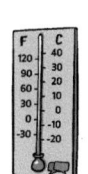

F

دماسنج

thermometer

تابش آفتاب

zonneschijn

ابر

wolk

مِه

mist

رطوبت هوا

vochtigheid

صاعقه

bliksem

آسمان غره

donder

طوفان

storm

تگرگ

hagel

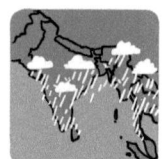

باد موسمی

moesson

سیل

overstroming

یخ

ijs

ژانویه

januari

فوریه

februari

مارس

maart

آوریل

april

مه

mei

ژوئن

juni

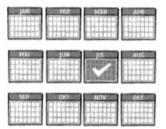

ژوئیه

juli

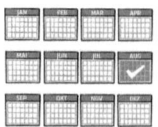

آگوست

augustus

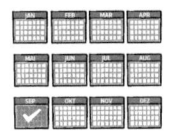

سپتامبر

september

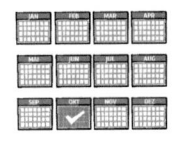

اکتبر

oktober

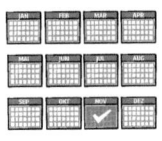

نوامبر

november

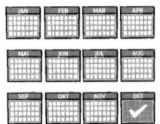

دسامبر

december

آشکال

vormen

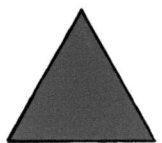

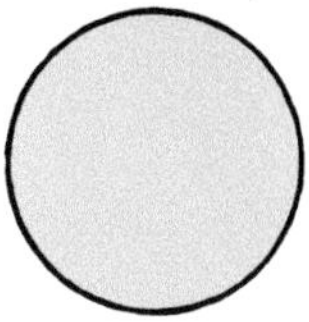

دایره

cirkel

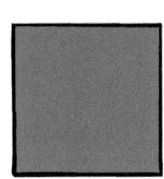

مربع

kwadraat

مستطیل

rechthoek

سه گوش

driehoek

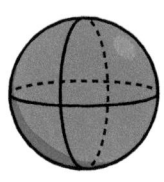

گره

bol

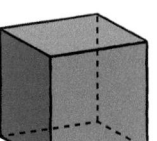

مکعب مربع

kubus

رنگ ها

kleuren

سفید

....

wit

زرد

....

geel

نارنجی

....

oranje

صورتی

....

roze

قرمز

....

rood

بنفش

....

paars

آبی

....

blauw

سبز

....

groen

قهوه ای

....

bruin

خاکستری

....

grijs

سیاه

....

zwart

tegengestelden

خیلی / کم

veel / weinig

خشمگین/ آرام

boos / kalm

زیبا / زشت

mooi / lelijk

شروع / پایان

begin / einde

بزرگ / کوچک

groot / klein

روشن / تیره

licht / donker

برادر / خواهر

broer / zus

تمیز / آلوده

proper / vuil

کامل / ناقص

volledig / onvolledig

روز / شب

dag / nacht

مرده / زنده

dood / levend

پهن / باریک

breed / smal

قابل خوردن / غیر قابل خوردن

....

eetbaar / oneetbaar

غضبناک / مهربان

....

kwaadaardig / vriendelijk

هیجان زده / بی حوصله

....

opgewonden / verveeld

چاق / لاغر

....

dik / dun

اولین / آخرین

....

eerst / laatst

دوست / دشمن

....

vriend / vijand

پر / خالی

....

vol / leeg

سفت / نرم

....

hard / zacht

سنگین / سبک

....

zwaar / licht

گرسنگی / تشنگی

....

honger / dorst

مریض / سالم

....

ziek / gezond

غیرقانونی / قانونی

....

illegaal / legaal

باهوش / خنگ

....

intelligent / dom

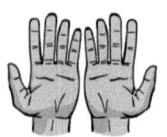

چپ / راست

....

links / rechts

نزدیک / دور

....

dichtbij / veraf

نو / استفاده شده

nieuw / gebruikt

هیچ چیز / چیزی

niets / iets

پیر / جوان

oud / jong

روشن / خاموش

aan / uit

باز / بسته

open / dicht

آهسته / بلند

stil / luid

ثروتمند / فقیر

rijk / arm

درست / غلط

juist / fout

زبر / صاف

ruw / glad

غمگین / خوشحال

droevig / blij

کوتاه / بلند

kort / lang

کند / تند

traag / snel

تر / خشک

nat / droog

گرم / خنک

warm / koud

جنگ / صلح

oorlog / vrede

اعداد

cijfers

0	1	2
صفر	یک	دو
nul	één	twee
3	4	5
سه	چهار	پنج
drie	vier	vijf
6	7	8
شش	هفت	هشت
zes	zeven	acht
9	10	11
نه	دَه	یازده
negen	tien	elf

12

دوازده

twaalf

13

سیزده

dertien

14

چهارده

veertien

15

پانزده

vijftien

16

شانزده

zestien

17

هفده

zeventien

18

هجده

achtien

19

نوزده

negentien

20

بیست

twintig

100

صد

honderd

1.000

هزار

duizend

1.000.000

میلیون

miljoen

زبان ها
Talen

انگلیسی
....
Engels

انگلیسی آمریکایی
....
Amerikaans Engels

چینی ماندارین
....
Chinees (Mandarijn)

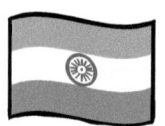

هندی
....
Hindi

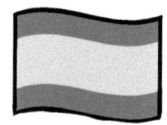

اسپانیایی
....
Spaans

فرانسوی
....
Frans

عربی
....
Arabisch

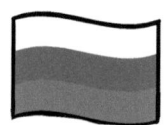

روسی
....
Russisch

پرتغالی
....
Portugees

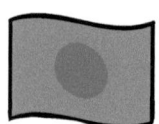

بنگالی
....
Bengali

آلمانی
....
Duits

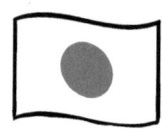

ژاپنی
....
Japans

چه کسی / چه چیزی / چگونه

wie / wat / hoe

من

ik

تو

u

او

hij / zij / het

ما

wij

شما

u

آنها

ze

چه کسی؟ کی؟

wie?

چی؟

wat?

چگونه؟

hoe?

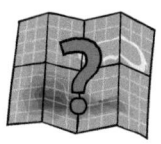

کجا؟

waar?

کِی؟

wanneer?

نام

naam

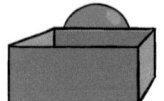

کجا

waar

پشت

achter

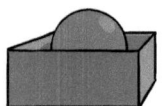

توی

in

جلو

voor

بالای

boven

روی

op

زیر

onder

مجاور

naast

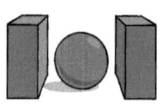

بین

tussen

مکان

plaats